学习、洗礼问答册

URIM BOOKS

自序

　　小孩子在成长过程中,需要不断领受必备的知识和教养,才能成为健康而有能力的社会人。在主里面也相仿:为了持定纯正的信仰,进而成为属灵的将帅,我们务须掌握信仰上须知的属灵知识和主的教训。本教材基于神在圣经上的真道并耶稣教联合圣洁会总会的宪章编撰而成,有助于神的儿女属灵生命的成长。

　　本书有助于基督徒持定正确的信仰态度,内容囊括作为学习教徒和受洗教徒应掌握并信守的行为准则,如圣徒当行之事和当禁之事,乃至基督徒须知的圣经要道、教义和信条等。

　　并兼容学习问答题和洗礼问答题,帮助学习者和受洗者获得对救恩与永生的确信,稳固信仰根基,成为耶稣基督的身体——教会忠信的肢体。这些问答题,帮助读者能够轻松理解和掌握信仰的实意、圣经的要道,乃至教理和信条。

　　各教会可以根据本教材的内容,摘选学习和受洗仪式问答题。学习者和受洗者应在应试前按规定接受培训，初步掌握教材内容，以便端正心态，约束心志，为学习和受洗做好充分的准备。

接受学习、洗礼问答的人，经过学习礼和洗礼，成为学习教徒和受洗教徒。他们经过受洗成为教会的正式成员，被赋予教徒的权利和义务，并且厚蒙神的恩福。切望本书能够帮助众圣徒夯实信仰根基，众教会日趋发展壮大。愿主的祝福与每一位读者常相伴。

2011年 3月
耶稣教联合圣洁会总会长
李载禄 博士

目录

自序

第一篇　基督徒的生活·1

第1章　教徒的区别及义务
第2章　圣徒当守之事
第3章　圣徒当禁之事
第4章　有关婚丧之事

第二篇　学习问答题·17

第1章　关于信仰生活
第2章　关于圣经
第3章　关于教理和信条

第三篇　　洗礼问答题·35

第1章　关于信仰生活

第2章　关于圣经

第3章　关于教理和信条

第四篇　　学习、洗礼及圣礼文·57

第1章　学习礼

第2章　洗礼

附录·65

·在耶稣基督的名下建立的教会，其功用是什么？

·新旧约圣经一览

第一篇 基督徒的生活

Christian Life

第一章 教徒的区别及义务
第二章 圣徒当守之事
第三章 圣徒当禁之事
第四章 有关婚丧之事

第一章 教徒的区别及义务

1. 教徒的区别

委身于教会，步入信仰生活的信徒分为注册教徒、学习教徒和受洗教徒。

1) 注册教徒

注册教徒指自愿归信基督，注册加入教会，参加各种礼拜的人，即列入登录名册的人。若想成为真正的基督徒，务要接待耶稣基督，参加教会礼拜，学习圣经真道，参与教会活动，熟悉信仰生活。

2) 学习教徒

学习教徒指学习基督徒之本分的教徒。年满13岁的注册教徒中，有认罪悔改并虔诚信仰之凭据者，可以参加学习礼，列入学习者名册。学习教徒应殷勤参加各种礼拜，努力遵行神道，活出纯正信仰，做名副其实的基督徒。

3）受洗教徒

受洗教徒指经过培训后满四五个月，有重生的凭据，经过问答，接受洗礼，列入受洗者名单的教徒。受洗教徒作为教会的肢体，具有决定教会事宜的权利和侍奉神并效力神国的义务。

2. 教徒的义务

加入教会作教徒的人，当求神的国和神的义，履行基于圣经的教徒之义务，努力具备神的儿女即圣徒的资格。

1）殷勤参加固定礼拜，用心灵和诚实拜神

固定礼拜包括主日大礼拜、主日晚礼拜、周三礼拜、周五礼拜等。礼拜是信徒承认神是永活真神的表证，是记念神的慈爱与恩典，向神表达感恩衷肠的敬拜仪式。神寻找用心灵和诚实拜祂的人，并赐丰盛的恩典与福分于那些尽心竭诚拜神，遵行圣道的人。

2）勤于读经学道

在读经，听道，学道的过程中，我们能够领悟神的旨意，信心得以增长，活出纯正的信仰。

3) 致力行道，热衷祷告

祷告是我们灵魂的呼吸，与神的对话，从神领受能力的途径。凡愿照神的旨意而活的人，务须殷勤祷告。

4) 活出常常喜乐，不住祷告，凡事谢恩的信仰

我们理应常常喜乐，因为我们是蒙召归信基督，承受永恒天国的人。我们还要不住地祷告，以获全知全能神的帮助；且要靠着使万事都互相效力，使我们得益处的神凡事谢恩。

5) 勤于服事教会，忠于宣教圣工，乐于奉献礼物

万物都是神的，神叫我们作祂万物的好管家。故我们应当奉献我们的身体和资财来侍奉我们的神。务要以诚实的心，把收入的十分之一全然献给神，不要作难，不要勉强，只要甘心乐意。

6) 照神的恩赐，殷勤传道，拯救灵魂

神看一个灵魂比全天下还要宝贵，切望我们无论得时不得时，殷勤传主的福音，作主的见证。

第二章 圣徒当守之事

1. 十诫

国有国法,家有家规,任何团体都有其成员应遵循的规章制度。照样,归神名下的信众也有当守的法度,就是诫命。约翰一书5章3节说:"我们遵守神的诫命,这就是爱他了,并且他的诫命不是难守的。"遵守诫命是神的子民爱神的凭据,蒙神赐福的捷径。

十诫(出埃及记20章3-17节)是全本圣经诫命的精要,十诫包含爱神(第一诫至第四诫)和爱人两方面的内容(第五诫至第十诫)。具体如下:

第一诫:除了我以外,你不可有别的神。

第二诫:不可为自己雕刻偶像;也不可作什么形像仿佛上

天、下地和地底下、水中的百物。不可跪拜那些像；也不可侍奉它。

第三诫：不可妄称耶和华你神的名。

第四诫：当记念安息日，守为圣日。

第五诫：当孝敬父母。

第六诫：不可杀人。

第七诫：不可奸淫。

第八诫：不可偷盗。

第九诫：不可作假见证陷害人。

第十诫：不可贪恋人的房屋。

2. 守主日为圣

主日意即主的日子，是神分别为圣、应许赐福的日子，也是在主里面得享真安息的日子。"守主日为圣"意指把自己分别为圣，敬虔谨守主日，主里得享安息。

1) 守主日为圣是神的旨意，是我们承认神对属灵世界之主权的表证。

神创造天地，六日完成造物的工，第七日便安息，并赐福这日（创世记2章1-3节），又吩咐我们记念安息日，守为圣日（出埃及记20章8节）。照神的吩咐，守安息日为圣日，乃是承认神对属灵世界之主权的信仰表现，谨守的人必得神的喜悦，蒙神的赐福。

2) 新约时代的主日和旧约时代的安息日

在旧约时代，人们守创世第七日即星期六为安息日，到了新约时代，人们则改守耶稣复活的星期日为安息日。人类因罪而堕落沦丧，注定永死的命运，不能进入神的真安息（创世记第三章），于是神将万世以前所预备的耶稣基督差遣于世，用祂所流的宝血代赎人类的罪（加拉太书3章13节），向人类敞开了拯救的大门。

道成肉身，降世为人的神子耶稣，星期五被钉十字架殒命，第三日即星期日清晨从死里复活（马太福音28章1-6节），叫信祂的人活在复活的盼望中，得享真正的安息。

复活初熟的果子——耶稣（哥林多前书15章20节）成为安息日的主（马太福音12章8节），圣徒便从此守星期日为安息日（哥林多前书16章2节），并称之为主日。

3) 守主日为圣的方法和所赐的福分

照出埃及记20章8-10节所记载的，六日要劳碌作自己一切的工，主日要在主里面得享安息。肉身的安歇和灵魂的安息并得，才是真正的安息。

首先，主日不作与神无关的事，不为世务所累，要到圣殿专诚拜神。其次，不要寻求娱乐，只要持守敬虔。并要持守身心圣洁，保持环境整洁，容貌端庄。更要禁止行恶，常存喜乐和感恩的心。

其三，要全守主日，即完整地献上主日敬拜：不仅献上上午大礼拜，还要献上下午礼拜，并用心灵和诚实拜神。且要爱惜圣殿。

其四，禁戒买卖行为（尼希米记13章15-22节），杜绝谈论世事，图谋私利。

遵神的旨意守主日，得享真安息，神就喜悦我们，赐福与我们。使我们灵魂兴盛，凡事兴盛，身体健壮，保守我们一周平安，使万事都互相效力，叫我们得益处。

3. 完整的十一奉献和供物

十一奉献是神命定的律例，指将收入的十分之一分别为圣归给神，承认神是天地万物的创造主、物质世界的源头。神愿儿女们献上完整的十分之一和供物。

1) 奉献完整的十分之一是神的旨意，是我们承认神对物质世界之主权的行为表现。

玛拉基书3章8-9节揭晓以色列受咒诅的原因就是违背神的律例，不献十分之一和供物。完整的十分之一是指通过经商或工作所得的一切收入中取十分之一归给神。

自然万物出于创造主我们的神，是我们一切产业的基础。由此看来，我们用辛勤汗水所赚得的，其实也都是属神的。故我们应当甘心把总收入的十分之一全然归给神。

2) 奉献完整十分之一的方法如下。
　一、必须是总收入的十分之一；
　二、应区别于其它礼物，作为专项而献；
　三、当献于自己领受灵粮的教会；
　四、以各人名义而献；
　五、至少一个月献一次；
　六、没有固定收入也当献十分之一：对被请吃饭、受赠礼物等各种实物收入也要取其十分之一；
　七、有了收入先取出十分之一，分别为圣归给神。

3) 供物是指十分之一以外献给神的各种礼物。
　献于神的礼物必须是"无残疾的"；定意要献的，不可更改；献于神的供物一定要奉到坛上接受按手祷告。
　向神谢恩而献的各种感谢礼物、为了胜任所领受的职分而献的承接圣职的礼物、认罪悔改时献的赎罪礼物，乃至所献的圣米或神家需用的各种物品均属此类。我们不能只在口头上谢恩，应当以奉献礼物的方式，表达感恩之心，这样，神必悦纳我们的诚心，赏赐相称的福分。

十分之一和供物是属神的，圣徒不能任意使用，必须照神的旨意，通过教会财政部门妥善处理。

4) 奉献完整的十分之一和供物，必蒙神惊人的赐福。

玛拉基书3章10节里，神向我们应许：只要把当纳的十分之一全然归给神，神必为我们敞开天上的窗户，倾福与我们，甚至无处可容。在献十分之一的事上，神甚至允许我们试试祂是否照所说的兑现。神愿意那些没有信心，犹疑不定，吝于奉献的人也能信从神言，领受救恩，蒙神赐福。

哥林多后书9章6节说："少种的少收，多种的多收，这话是真的。"我们只有明白神的旨意，照祂的旨意生活，才能得神的喜悦，并蒙所应许的福分。神是信实的，神就是爱，故我们应当顺从神的话，奉献完整的十分之一和供物，成为蒙福的智慧的圣徒。

第三章 圣徒当禁之事

圣徒，即圣洁神的儿女，有当行之事，也有当禁戒之事，具体如下：

1）不可妄称或否定神的圣名，不可有悖逆的言行。

2）对圣经不可片面相信，默示内容不可删减、曲解或束之高阁。

3）主日放下一切世务，严禁买卖行为。

4）不可唱、跳放荡的世俗淫艳歌舞，不涉足诱发犯罪的娱乐场所或其它场所。

5）不说低俗的话语、过激的言辞，禁止诽谤诬蔑、论断定罪，杜绝虚浮之言，无稽之辞，远离空谈、谣传、谎言、秽语。

6) 不以恶报恶，常以善为念，圣徒之间避免在世上法庭彼此争讼，凡自己不情愿的事不要推给别人做。

7) 圣徒之间要禁止金钱交易或为人作保。

"不要与人击掌，不要为欠债的作保。"（箴言22章26节）

8) 不可犯显而易见的情欲的事。

"情欲的事都是显而易见的，就如奸淫、污秽、邪荡、拜偶像、邪术、仇恨、争竞、忌恨、恼怒、结党、纷争、异端、嫉妒（有古卷在此有"凶杀"二字）、醉酒、荒宴等类，我从前告诉你们，现在又告诉你们，行这样事的人必不能承受神的国。"（加拉太书5章19-21节）

9) 断不可犯至于死的罪。

"人若看见弟兄犯了不至于死的罪，就当为他祈求，神必将生命赐给他；有至于死的罪，我不说当为这罪祈求。"（约翰一书5章16节）

〈至于死的罪〉
毁谤、亵渎、干犯圣灵
(马太福音12章31-32节；马可福音3章29节；路加福音12章10节)；
把主重钉十架，明明地羞辱主名(希伯来书6章4-6节)；
得知真道以后，故意犯罪(希伯来书10章26-27节)。

马太福音12章31-32节
"所以我告诉你们：人一切的罪和亵渎的话，都可得赦免；惟独亵渎圣灵，总不得赦免。凡说话干犯人子的，还可得赦免；惟独说话干犯圣灵的，今世、来世总不得赦免。"

马可福音3章29节
"凡亵渎圣灵的，却永不得赦免，乃要担当永远的罪。"

路加福音12章10节
"凡说话干犯人子的，还可得赦免；惟独亵渎圣灵的，总不得赦免。"

希伯来书6章4-6节
"论到那些已经蒙了光照、尝过天恩的滋味，又于圣灵有份，并尝过神善道的滋味，觉悟来世权能的人，若是离弃道理，就不能叫他们重新懊悔了，因为他们把神的儿子重钉十字架，明明地羞辱他。"

希伯来书10章26-27节
"因为我们得知真道以后，若故意犯罪，赎罪的祭就再没有了，惟有战惧等候审判和那烧灭众敌人的烈火。"

第四章 有关婚丧之事

1. 关于婚姻

婚姻是神所命定的神圣的制度，圣徒在婚姻问题上不可轻率随意，应当谨慎持重。下面是圣徒在婚姻关系上应守的准则。

1) 圣徒不可与不信者成婚。

2) 圣徒有结婚的意向，应先向主任教牧者咨询并接受指导，婚前不可发生性接触或性关系。

3) 父母不可强迫干涉儿女的婚姻，除了违背圣经的情况以外不可反对儿女结婚，儿女应当经过父母或监护人同意后结婚。

4) 圣徒要在教牧者的主持下举行婚礼，教牧者受到邀请时应先确定该婚姻是否得当，然后应邀主持婚礼。

5) 除了因配偶的缘故在信仰上严重受阻，面临丧失救恩的危险情况以外，圣徒离婚是不相宜的。神愿意自己的儿女尽量不选择离婚，而努力共建美好的家庭。

若是到了非离婚不可的地步，不妨先分居一段时间，静心祷告，寻求出路。婚后不仅要为自己，也要为配偶和儿女的救恩尽一切的努力。只是妻子的行淫，可以作为离婚的理由，正如圣经所记（马太福音19章9节）。

"我对其余的人说，不是主说，倘若某弟兄有不信的妻子，妻子也情愿和他同住，他就不要离弃妻子；妻子有不信的丈夫，丈夫也情愿和她同住，她就不要离弃丈夫。因为不信的丈夫就因着妻子成了圣洁，并且不信的妻子就因着丈夫成了圣洁（"丈夫"原文作"弟兄"）。不然，你们的儿女就不洁净，但如今他们是圣洁的了。"（哥林多前书7章12-14节）

6) 禁止纳妾或重婚，不可娶有夫之妇，不可嫁有妇之夫。

2. 关于丧礼

1) 临终礼拜

限于已经归信之人的临终，端正其体姿后，献上临终礼拜。

2) 入殓礼拜

遗体入殓后，选择合适的时间，献上入殓礼拜。

3) 吊唁

吊唁者向逝者家属致以诚挚的慰问后，进行默祷，不可向死者跪拜或烧香。

4) 葬礼

日期可酌情而定，通常采取三日葬或五日葬。按葬礼程序举行出殡礼拜及下葬礼拜，务要避开主日。举行出殡礼拜后，移柩至墓葬地或殡仪馆，举行下葬礼拜（追思礼拜）。

3. 关于追思礼拜

记念逝者丧生之日，可以向神献上追思礼拜。

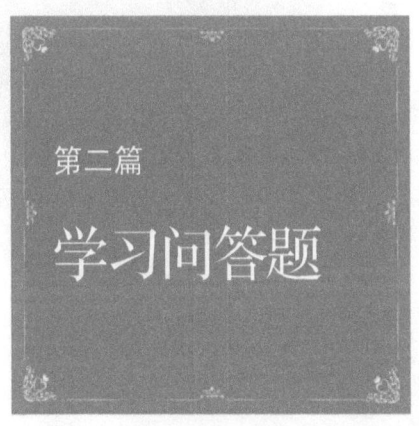

第二篇
学习问答题

General Catechism

第一章 关于信仰生活
第二章 关于圣经
第三章 关于教理和信条

第一章　关于信仰生活

1. 问: 出席教会有多少时日?
   答: 已有( )个月。

2. 问: 自参加教会以来是否努力守主日?
   答: 是。

3. 问: 是否愿意殷勤参加教会各种礼拜和聚会?
   答: 愿意(阿们)。

4. 问: 教会是神圣之处, 在圣殿里言语行为要圣洁敬虔, 教会各种圣物器具当爱护珍惜。这些你是否愿意遵行?
   答: 愿意(阿们)。

5. 问: 礼拜是献给谁的?
   答: 是献给神的。

6. 问: 什么是祷告?
   答: 祷告是我们灵的呼吸、与神的对话,是蒙神应允,领受能力的途径。

7. 问: 祷告是向谁作的?
   答: 是向神作的。

8. 问: 祷告要奉谁的名?
   答: 祷告要奉耶稣基督的名。

9. 问: 祷告应当怎么作?
   答: ①照常按时 ②谦恭屈膝 ③大声呼求 ④专心竭诚 ⑤凭着信爱 ⑥合神旨意 ⑦极力肯切。

10. 问: 什么叫赞美诗歌,应如何唱?
    答: 赞美诗歌是赞美神的诗歌,唱诗应尽心尽意。

11. 问: 是否经常读经学道?
    答: 是(阿们)。

12. 问：是否愿意遵从教会的教导和方针？
    答：愿意（阿们）。

13. 问：吸烟喝酒是违背神旨意的行为，是否要远离它们？
    答：是（阿们）。

14. 问：是否远离拜偶像、占卜、跳神等行为？
    答：是（阿们）。

15. 问：是否杜绝赌博等不健康的娱乐活动？
    答：是（阿们）。

16. 问：放债或放高利贷不合神的旨意，是否远离这些事？
    答：是（阿们）。

17. 问：愿意在主里面孝敬父母吗？
    答：愿意（阿们）。

18. 问：愿意规劝家人一同出席教会吗？
    答：愿意（阿们）。

19. 问：我们教会的全称是什么？
    答：（　　　）教会。

20. 问：请指出自己所属教区和所属宣教会。
    答：（答自己所属教区和宣教会。）

21. 问：你是否相信教会是蒙神恩召之人的聚会？
    答：相信（阿们）。

22. 问：愿意持守信仰到底吗？
    答：愿意（阿们）。

第二章　关于圣经

1. 问：基督教的经典是什么？
   答：是圣经。

2. 问：请讲述圣经的构成。
   答：圣经以新约和旧约两部分构成。

3. 问：圣经一共有多少卷？
   答：共有66卷：旧约39卷，新约27卷。

4. 问：圣经是怎样的一本书？
   答：是记录永生神圣言的经书。

5. 问：圣经是由谁、怎么记录的？
   答：是神特召的人在圣灵的感动中得神默示记录而成的（提摩太后书3章16节）。

6. 问：创造天地和人类的内容在圣经哪一卷中？
   答：创世记。

7. 问：摩西蒙神默示的十诫记录在圣经那一卷中？
   答：出埃及记。

8. 问：神创造天地万物时在第几天造了人？
   答：第六天。

9. 问：人类的始祖是谁？
   答：亚当和夏娃。

10. 问：神怎样造首先的人亚当？
    答：用尘土造人，将生气吹在他鼻孔里，人就成了有灵的活人。

11. 问：亚当和夏娃悖逆神的命令，偷吃的禁果叫什么？
    答：善恶果即分别善恶树上的果子。

12. 问: 给一切牲畜、飞鸟和走兽起名的人是谁?
    答: 亚当。

13. 问: 亚当和夏娃在这地上生的儿子都有谁?
    答: 该隐、亚伯和赛特等。

14. 问: 与神同行三百年后活着被提升天的人是谁?
    答: 以诺。

15. 问: 神在旧约时代用洪水灭世审判世界前,制造方舟的义人是谁?
    答: 挪亚。

16. 问: 得称为信心之父的人是谁?
    答: 亚伯拉罕。

17. 问: 亚伯拉罕一百岁时得的儿子叫什么名字?
    答: 以撒。

18. 问: 以撒的两个儿子分别叫什么?
    答: 以扫和雅各。

19. 问: 为了一碗红豆汤出卖长子名分的人是谁?
    答: 以扫。

20. 问: 以色列人的先祖雅各共有几个儿子?
    答: 共有十二个。

21. 问: 遭兄弟们陷害被卖至埃及, 后来成为埃及宰相的雅各之子叫什么名字?
    答: 约瑟。

22. 问: 蒙神呼召, 将以色列民从为奴之家埃及领出来的人是谁?
    答: 摩西。

23. 问: 摩西五经分别是什么?
    答: 创世记、出埃及记、利未记、民数记、申命记。

24. 问: 摩西从神领受十诫的地方?
    答: 西奈山。

25. 问: 神赐给以色列百姓的应许之地是哪里?
    答: 迦南地。

26. 问：身为摩西的接班人，将以色列民领进应许之地的人是谁？
    答：约书亚。

27. 问：奉命膏立扫罗为王的以色列最后一位士师是谁？
    答：撒母耳先知。

28. 问：旧约时代蒙神爱最多的王是谁？
    答：大卫王。

29. 问："耶稣"这一名字所包含的原意是什么？
    答："将自己的百姓从罪恶里救出来"。

30. 问：耶稣的降生之地是哪里？
    答：伯利恒。

31. 问：耶稣在哪里度过祂的童年？
    答：拿撒勒。

32. 问：见证耶稣生平和圣工的福音书都有哪些？
    答：马太福音、马可福音、路加福音和约翰福音。

33. 问：耶稣降世距今有多少年？
    答：公历将耶稣的诞生之年作为元年，距今约（　　）年前。

34. 问: 童贞女马利亚是如何怀上耶稣的?
    答: 因圣灵感孕。

35. 问: 耶稣在加利利迦拿所行的头一件神迹是什么?
    答: 变水为酒。

36. 问: 耶稣有几个门徒?
    答: 十二名。

37. 问: 耶稣是怎样死的?
    答: 为了代赎我们的罪,被钉于十字架受死。

38. 问: 出卖耶稣的门徒叫什么?
    答: 加略人犹大。

39. 问: 耶稣被挂在十字架上几个小时?
    答: 六个小时。

40. 问: 耶稣为何双手双脚被钉在十字架上?
    答: 为代赎我们双手双脚所犯的罪。

41. 问: 耶稣为何头戴荆棘冠冕?
    答: 为代赎我们心思意念上所犯的罪。

42. 问：耶稣受死并被埋葬后第几天复活？
    答：第三天。

43. 问：耶稣复活后作了什么？
    答：向门徒显现四十天之久，并讲说神国的事。

44. 问：知道主再临的日子和时辰的只有一位，请回答是谁？
    答：在天的父神（马太福音24章36节，马可福音13章32节）。

45. 问：新约圣经中专门记录使徒行迹的是那一卷书？
    答：使徒行传。

46. 问：不属于耶稣的十二门徒，但生平行神的大能，献身于福音的传播、被称外邦人之使徒的人是谁？
    答：使徒保罗。

47. 问：记录使徒约翰所领受关于将来必成之事的默示和预言是圣经那一卷书？
    答：启示录。

48. 问：罪的工价是什么？
    答：乃是死（罗马书6章23节）。

49. 问：当接待耶稣基督作我们个人的救主时，从神领受怎样的权柄？

答：作神儿女的权柄（约翰福音1章12节）。

第三章 关于教理和信条

1. 问：神是否有生之时，有命之终？
   答：神是从亘古到永远，是自有永有的（诗篇90篇2节）。

2. 问：天地间有几位神？
   答：只有一位。

3. 问：相信神用话语创造天地万物吗？
   答：相信（阿们）。

4. 问：相信有天国和地狱吗？
   答：相信（阿们）。

5. 问：我们得救是靠谁的名？
   答：耶稣基督的名。

6. 问：什么叫救恩？
   答：因信耶稣基督，脱离罪和死亡，获得永生。

7. 问："基督"是什么意思？
   答：基督是受膏者、拯救者的意思，又称弥赛亚。

8. 问：是否相信除耶稣基督以外别无拯救？
   答：相信（阿们）。

9. 问：神对接待耶稣基督为救主的人给予什么恩赐？
   答：圣灵。

10. 问：是否承认《使徒信经》为自己的信仰告白？
    答：是（阿们）。

11. 问：固定礼拜都有哪些？
    答：有主日大礼拜、主日晚礼拜、周三礼拜、周五彻夜礼拜。

12. 问：礼拜时间应当怎么守？
    答：要从默祷至祝祷（或主祷文）整个程序中的每个环节，用心灵和诚实献上整个礼拜。

13. 问：什么是主日？

    答：意指主的日子，是神所定的圣日、赐福的日子，是在主里面得享安息的日子。

14. 问：我们教会所属的教团总称是什么？

    答：耶稣教联合圣洁会总会。

15. 问：我们教会所属教团的五大教义即五重福音具体指哪些？

    答：重生、圣洁、医治、复活、再临。

16. 问：教会固守节期都有哪些？

    答：复活节、收割感恩节、秋收感恩节、圣诞节。

17. 问：是否相信圣经是神真确无误，永恒不变的圣言？

    答：相信（阿们）。

18. 问：人与动物的根本区别在哪里？

    答：动物没有灵，而人是神照自己的形像所造，以灵、魂、肉所构成，懂得敬畏神。

19. 问：是否相信耶稣与神原为一，是神本体的真像，为代赎我们的罪，披戴肉身，降世为人？

    答：相信（阿们）。

20. 问：异端否认三位一体的神，否认耶稣道成肉身，降世为人，被钉十架，死而复活。愿意抵挡异端思想，杜绝与之信仰上的交流讨论吗？

答：愿意（阿们）。

21. 问：是否相信主的再临？

答：相信（阿们）。

22. 问：白色大宝座审判何时进行？

答：千年王国时代结束以后。

23. 问：我们将来在天国生活多长时间？

答：天国是永远的世界，将永远生活在那里。

第三篇

洗礼问答题

Catechism for Baptism

第一章 关于信仰生活
第二章 关于圣经
第三章 关于教理和信条

第一章 关于信仰生活

1. 问: 怎样获得受洗资格?
   答: 经过学习并出席教会四、五个月以上, 具有得救的确信者。

2. 问: 经过学习后是否全守圣主日?
   答: 是(阿们)。

3. 问: 是否按时奉读圣经?
   答: 是(阿们)。

4. 问: 是否每天按时祷告?
   答: 是(阿们)

5. 问: 是否向神奉献十分之一、感谢礼物和各种节期礼物?
   答: 是(阿们)。

6. 问：是否给别人传过福音？
   答：是（阿们）。

7. 问：你已经受洗成为教会成员，是否愿意积极参与事奉、传道，奉献自己的力量？
   答：愿意（阿们）。

8. 问：是否积极参加区域礼拜？
   答：是（阿们）。

9. 问：是否参加自己所属的机关团契的聚会？
   答：是（阿们）。

10. 问：是否愿意追求模成主的形像，成就圣洁的心灵，不与世俗妥协，努力脱去罪恶？
    答：愿意（阿们）。

11. 问：我们当怎样敬拜神？
    答：神是灵，所以要用心灵和诚实拜祂。

12. 问：什么是真正的悔改？
    答：醒悟自己的罪，向神认罪痛悔，并离罪归正。

13. 问：什么是教会？

    答：是学习真道，追求永生之人的聚会；是以耶稣基督为元首，通过牧者教导人遵从主的旨意，活出仁义形像的圣所。

14. 问：如何解开圣经的精意？

    答：圣经都是神所默示的，因此解经须靠圣灵感动和启示。人不可擅自论断、排斥默示或预言。

第二章　关于圣经

1. 问：我们通过什么途径能够认识神？
   答：通过神所造的万物（罗马书1章20节）和神的道即圣经（提摩太后书3章15-17节）。

2. 问：神造人的目的是什么？
   答：为了获得能够荣耀神的名，能够与神进行爱的交流之真儿女。

3. 问：请罗列天地创造的顺序。
   答：第一天：光；第二天：穹苍；第三天：陆地、大海和植物；第四天：太阳、月亮和星宿；第五天：水族类和鸟类；第六天：牲畜、兽类和人。

4. 问：神造人之后，是怎样赐福与人的？
   答：要生养众多，遍满地面，治理这地；也要管理地上一切的活物。

5. 问：人为何未能享尽神所赐的一切福分？
   答：因为悖逆神的命令，犯了偷吃善恶树果的罪。

6. 问：引诱亚当和夏娃的蛇，从神受了怎样的咒诅？
   答：终身吃土，用肚子行走。

7. 问：始祖亚当违背神的禁令偷吃善恶果后，男人和女人分别受了怎样的咒诅？
   答：男人终身劳苦，才能从地里得吃的；女人多多加增怀胎的苦楚，恋慕丈夫，受丈夫管辖。

8. 问：旧约圣经大体如何归类？
   答：律法书（《创世记》-《申命记》）、历史书（《约书亚书》-《以斯帖记》）、诗歌书（《约伯记》-《雅歌》）、预言书（《以赛亚书》-《玛拉基书》）。

9. 问：新约圣经大体如何归类。
   答：四福音书(《马太福音》-《约翰福音》)、历史书(《使徒行传》)、使徒书信(《罗马书》-《犹大书》)、预言书(《启示录》)。

10. 问：亚伯拉罕经过什么试验被尊为信心之父？
    答：献独子以撒为燔祭。

11. 问：雅各被更名为"以色列"是在什么地方？
    答：雅博渡口。

12. 问：神在旷野怎样引导出埃及的以色列百姓？
    答：白天用云柱，夜间用火柱。

13. 问：出埃及的以色列百姓在旷野漂流期间，神赐给了他们什么食物？
    答：吗哪和鹌鹑。

14. 问：摩西是怎样的人？
    答：谦和胜过地上的众人、在神的全家尽忠、配与神面对面说话的完全人。

15. 问: 出埃及时代, 年满20岁的人中, 得进迦南地的是谁?
    答: 约书亚和迦勒。

16. 问: 摩西的接班人是谁, 他行了什么事?
    答: 约书亚。引导以色列民征服迦南地, 把迦南地分给十二支派。

17. 问: 以色列没有君王, 由神亲自治理的时代是什么时代?
    答: 士师时代。

18. 问: 以色列的士师是什么人?
    答: 出埃及的以色列百姓定居迦南后, 直至王政时代的到来, 治理犹大民族的"祭政一体"的统治者。

19. 问: 因悖逆神的命令而被神厌弃的以色列第一任君王是谁?
    答: 扫罗王。

20. 问: 建造耶路撒冷圣殿、具有空前绝后智慧的以色列王是谁?
    答: 所罗门王。

21. 问: 所罗门王死后, 其子罗波安继位, 此后以色列王国遭遇了什么事?
    答: 形成北朝以色列和南朝犹大的分裂格局。

22. 问：北朝以色列王国最后的结局如何？
    答：被亚述所灭。

23. 问：南朝犹大的最终结局如何？
    答：亡于巴比伦，遗民被掳到巴比伦。

24. 问：犹大民族结束在巴比伦的七十年流亡生活回归祖国后，所作的第一件事是什么？
    答：重建耶路撒冷圣殿。

25. 问：旧约时代的预言者们主要作了什么事？
    答：领受神的默示，宣告神指示的言语。

26. 问：旧约时代的先知中，对弥赛亚即我们主耶稣所说的预言最多的是谁？
    答：以赛亚。

27. 问：关于耶稣被钉和受难的预言在圣经何处？
    答：在以赛亚书53章。

28. 问：被掳到巴比伦，坚守信仰气节，被立为巴比伦总理的先知是谁？
    答：但以理。

29. 问：试述旧约时代的三大节期。
    答：逾越节（无酵节）、七七节（收割节）、住棚节（收藏节）。

30. 问：什么是福音书，什么是共观福音书？
    答：福音书是指记录耶稣的生平和训诲的四福音书，共观福音书是指叙述观点相近的《马太福音》、《马可福音》和《路加福音》。

31. 问：根据福音书中的内容，简述耶稣作了哪些圣工？
    答：1）宣讲神的旨意和奥秘，广传天国福音。
    2）败坏仇敌魔鬼、撒但的工作，使鬼附的得释放。
    3）医治各样的病症，叫死人复活。
    4）被钉死在十字架，代赎我们全罪，打破死亡权势，从死里复活，赐给我们复活的盼望。

32. 问：十二门徒中蒙耶稣的厚爱、最与耶稣亲密的三个门徒分别是谁？
    答：彼得、雅各和约翰。

33. 问：耶稣登山宝训中关于八福的内容记录在哪个福音书的哪一章中？
    答：《马太福音》第5章。

34. 问：东方的三个博士前来拜婴孩耶稣时献上了哪三样礼物？
    答：黄金、乳香和没药。

35. 问：请简述耶稣为我们显明的典范祷告。
    答：照常、屈膝、照神的旨意祈求，而且专心尽力恳切呼求。

36. 问：耶稣教训众人时所设的比喻中，具有代表性的有哪些？
    答：撒种的比喻、葡萄树的比喻、良善的撒玛利亚人的比喻、银子的比喻、十个童女的比喻、芥菜种的比喻、浪子的比喻等。

37. 问：耶稣所行的神迹中，具有代表性的有哪些？
    答：变水为酒、五饼二鱼、平静风浪、行走水面、叫死人复活等神迹。

38. 问：反对耶稣的都有哪些人？
    答：大祭司和祭司，以及文士、法利赛人和撒都该人。

39. 问：给耶稣判死刑的人是谁？
    答：本丢彼拉多巡抚。

40. 问：耶稣被钉十字架受死的地方在哪里？
    答：各各他。

41. 问：为何说除耶稣以外别无救主？

    答：1) 耶稣是亚当至近的亲属，即人。

    2) 耶稣不是亚当的后裔。

    3) 耶稣具有赎罪的能力。

    4) 耶稣具有舍命的爱。

42. 问：耶稣为何被钉木十字架？

    答：为赎出我们脱离律法的咒诅。

43. 问：耶稣为何受鞭打流血？

    答：赎我们的罪并解除我们灾病，使我们脱离一切病苦，常享平安。

44. 问："吃人子的肉"所包含的精意是什么？

    答："人子的肉"指神的道，故"吃人子的肉"是指将圣经六十六卷神言化作灵粮。

45. 问："喝人子的血"所包含的精意是什么？

    答：凭信行出所领受的圣道。

46. 问：把我们的身体作为居所——圣殿的是谁？

    答：圣灵。

47. 问: 主升天后, 门徒首次领受圣灵是在什么时候?
    答: 主升天后第十日(五旬节)。

48. 问: 领受圣灵的人有何显证?
    答: 1) 努力遵守诫命。
        2) 乐意顺从神言。
        3) 追求圣洁生活。
        4) 开始深爱主内弟兄。
        5) 凭信胜过世界。
        6) 具有得救的确信
        7) 萌生所求必蒙应允的确信。
        8) 活出以侍奉神为至上信念。

49. 问: 七个教会中唯一只蒙主称许、作当今普世教会之楷模的的教会是哪个?
    答: 非拉铁非教会。

50. 问: 初代教会时代, 被选为主的门徒以取代加略人犹大的人是谁?
    答: 马提亚。

51. 问：给埃塞俄比亚的太监解析以赛亚书中的预言并施洗的执事是谁？
    答：腓利执事。

52. 问：使徒彼得是什么样的人？
    答：是耶稣的首徒，曾告白"你是基督，是永生神的儿子"。是犹太人使徒，多行权能，致力于福音的传播，直至倒挂在十字架上为主殉道。

53. 问：使徒保罗是什么样的人？
    答：在未认识主前曾迫害基督徒，但在前往大马士革的路上得见耶稣基督后，专心致力于外邦人的宣教，是记录新约圣经中十四卷书的大使徒。

54. 问：圣灵所结的九种果子都有哪些？
    答：仁爱、喜乐、和平、忍耐、恩慈、良善、信实、温柔、节制。

55. 问：满得恩惠能力，行大奇事和神迹，大力宣传主的福音，却被诬以谤渎摩西和神言的罪，遭众人乱石击打为主殉道的执事是谁？
    答：司提反。

56. 问：监狱书信是什么，具体指哪些？
答：使徒保罗在狱中所记录的书卷，包括《以弗所书》《腓立比书》《歌罗西书》和《腓利门书》。

57. 问：教牧书信是什么，具体指哪些？
答：使徒保罗写给门徒提摩太和提多的有关牧养方面的书信，包括《提摩太前书》《提摩太后书》《提多书》三卷经书。

58. 问：身为外邦人，却为人虔诚，多多周济百姓，领全家敬畏神而通过彼得受洗归主的人是谁？
答：哥尼流。

59. 问：圣经所提示人的三个构成要素是什么？
答：灵、魂、体（肉）（帖撒罗尼迦前书5章23节）。

60. 问：有神的宝座和十二珍珠门的天国最为荣美的住处叫什么？
答：新耶路撒冷。

第三章 关于教理和信条

1. 问：什么叫原罪？

   答：儿女传承父母的气质，品性和外貌与父母相似。照样，人类的始祖亚当犯了悖逆神的罪后，继承其血统的人类都受那罪性的遗传。人类这种与生俱来的罪性叫作"原罪"。

2. 问：首先的人亚当悖逆神命令的原因是什么？

   答：入了受撒但挑唆之蛇的迷惑，滥用神所赋予的自由意志。

3. 问：人身上的罪大体有哪些？

   答：与生俱来的"原罪"和成长过程中自行犯下的"自犯罪"。

4. 问：怎样解决我们罪的问题？
   答：向神认罪悔改，并接待耶稣基督作个人的救主，就可以靠耶稣基督宝血之功效，从罪的辖制中得到释放。

5. 问：五重福音中"重生"的含义是什么？
   答：重生指从水和圣灵得生，即指承认自己的罪，被耶稣基督的宝血洗净，从罪人归为义人，成为新造的人。

6. 问：五重福音中"圣洁"的含义是什么？
   答：是指重生的人倚靠圣灵的帮助，离弃罪恶，活出神道，得成圣洁。

7. 问：五重福音中"医治"的含义是什么？
   答：疾病或残弱得到神大能的医治。

8. 问：五重福音中"复活"的含义是什么？
   答：复活意指死而复生，而实意是：因着耶稣打破死亡权势，从死里复活，神的儿女必以灵性的身体复活并进入永生。

9. 问：五重福音中"再临"的含义是什么？
   答：主怎样升天去，祂还要怎样来。

10. 问：是否相信得救与否并非神所指定，乃是在于我们自由意志的选择？

   答：相信（阿们）。

11. 问：是否承认信心有大小之分，并向更高的信心阶段努力进深？

   答：是（阿们）。

12. 问：约翰一书2章16节提到我们为拥有爱神的心当离弃的三项，具体指哪些？

   答：肉体的情欲、眼目的情欲和今生的骄傲。

13. 问：怎样才能离弃神所憎恶的罪？

   答：自身努力加上火热的祷告，并要领受神的恩典与能力，以及圣灵的帮助。

14. 问：至于死的罪都有哪些？

   答：毁谤、亵渎、干犯圣灵（马太福音12章31-32节；马可福音3章29节；路加福音12章10节）；把主重钉十字架，明明地羞辱主名（希伯来书6章4-6节）；得知真道以后，故意犯罪（希伯来书10章26-27节）。

   "所以我告诉你们：人一切的罪和亵渎的话，都可得赦免；惟独亵渎圣灵，总不得赦免。凡说话干犯人子的，还可得赦免；惟独说话干犯圣灵的，今世、来世总不得赦免。"（马太福音12章31-32节）

"凡亵渎圣灵的，却永不得赦免，
乃要担当永远的罪。"（马可福音3章29节）

"凡说话干犯人子的，还可得赦免；
惟独亵渎圣灵的，总不得赦免。"（路加福音12章10节）

"论到那些已经蒙了光照、尝过天恩的滋味，又于圣灵有份，并尝过神善道的滋味，觉悟来世权能的人，若是离弃道理，就不能叫他们重新懊悔了，因为他们把神的儿子重钉十字架，明明地羞辱他。"（希伯来书6章4-6节）

"因为我们得知真道以后，若故意犯罪，赎罪的祭就再没有了，惟有战惧等候审判和那烧灭众敌人的烈火。"（希伯来书10章26-27节）

15. 问：是否知道若行加拉太书5章19-21节显而易见的情欲之事的人，是不能得救的？
    答：是（阿们）。

16. 问：是否知道领受圣灵后，消灭圣灵的感动就会与救恩隔绝？
    答：是（阿们）。

17. 问：什么叫恩典？
    答：是神白白所赐的恩，就是恩赐我们一切生活所需，又恩赐耶稣基督，使我们获得永生。

18. 问：什么是洗礼？
    答：是教会圣礼之一，人归神作祂的儿女，罪蒙赦免的象征。也有着"昼夜思想神的话语，藉真理洗净身心，一天新似一天"的蕴意。

19. 问：什么是圣灵的洗？
    答：是指认罪悔改，接待耶稣基督，领受所赐的圣灵，死灵复苏，从圣灵重生。

20. 问：什么是火洗？
    答：指临到圣灵的火，获得神所赐的能力。
    领受火洗，罪性和疾病得以焚烧，从家庭、工作和事业中驱除仇敌魔鬼、撒但的搅扰。

21. 问: 什么是圣餐礼?
    答: 是圣徒领受象征耶稣的肉和血的饼和葡萄汁的圣礼。为记念耶稣为我们在十架上受死,并舍出自己的肉和血,赐我们永生的大爱。进而使我们明白为了获得永生,当活出怎样的信仰。

22. 问: 圣洁教会起源于何处,始于何人?
    答: 源于18世纪英国的约翰·卫斯理牧师的"圣洁运动"。

23. 问: 请背诵主祷文(耶稣教导的祷辞)。
    答: 我们在天上的父,愿人都尊你的名为圣。
    愿你的国降临。愿你的旨意行在地上,如同行在天上。
    我们日用的饮食,今日赐给我们。
    免我们的债,如同我们免了人的债。
    不叫我们遇见试探,救我们脱离凶恶。因为国度、权柄、荣耀,全是你的,直到永远。阿们。

24. 问: 什么是使徒信经?
    答: 是基督教教义的概要,是基督徒的基本信仰告白。

第四篇
学习、洗礼及圣礼文

Proceedings of General Catechism and Baptism

第一章 学习礼
第二章 洗礼

第一章　学习礼

* 使学习者在讲台前入座，按以下程序举行圣礼。

1. 唱诗

2. 祷告

3. 奉读经文（以弗所书4章17-24节）

4. 点名（学习者按名次到前面排列）

5. 礼词
亲爱的弟兄姊妹：现在按教会宪章为学习者举行学习礼。为新入教的弟兄姊妹举行学习礼旨在培养信心，学习圣经知识，具备侍奉教会的能力。愿各位弟兄姊妹以圣洁的言语、行为和仁爱、信德，作众人的榜样，并努力遵守圣经真道和教会章程。

6. 问答：

亲爱的弟兄姊妹：你们远离罪恶，归信耶稣基督，甘心侍奉主神，现在请你们以诚实的心回答提问，向神和教会表白你们所立定的心志。

第一：各位弟兄姊妹：你们是否认罪悔改，脱去一切行为上的旧人和旧习，信耶稣基督为你们个人的救主？
答：阿们。

第二：你们是否相信圣经为神的圣言，是否愿意按圣经的教训生活，遵守十诫？
答：阿们。

第三：你们愿意殷勤读经，努力祷告和传道吗？
答：阿们。

第四：你们愿意领受基督教核心要素之一重生的恩惠，并照神的道和圣灵的引导造就你们的信心和德行吗？
答：阿们。

第五：你们愿意每到主日放下一切世务，以敬虔的心敬拜主神，用心灵和诚实为主的身体——教会效力吗？

答：阿们。

7. 宣布

至此，弟兄姊妹们诚实回答以上提问，并在神和教会面前表白立定的心志，现在宣布你们成为耶稣教联合圣洁会（　　　　）教会的学习信徒。

8. 祷告后举行洗礼。

没有受洗者的情况以颂诗和祝祷结束学习礼。

 # 第二章　洗礼

原则上应在河水或洗礼池进行浸水礼，但因条件和环境所限，可在教会以简要的方式举行洗礼。

程序如下：

1. 唱诗

2. 祷告

3. 奉读经文（约翰福音3章1-8节）

4. 礼词

洗礼是我们的主所命定的圣礼，弟兄姊妹今顺服主的命令，前来受洗，愿神的恩典与祝福临到你们身上，使你们成为圣洁完全的神的儿女，得进天国，得享永生。

5. 祷告

6. 点名（按名次到前面排列）

7. 问答
亲爱的弟兄姊妹：你们今天为了受洗来到这里，请你们在神和教会面前以诚实的心回答提问。

第一：弟兄姊妹：是否相信你们悔改全罪，脱去一切旧人老我，以及属世的风气，因信耶稣基督而重生，归为神的儿女？
答：阿们。

第二：你们是否相信重生靠主的宝血和圣灵的洗获得成圣的恩惠？
答：阿们。

第三：你们是否相信信仰的要义《使徒信经》的内容？
答：阿们。

第四：你们是否相信因着受洗与主合一？是否愿意一生一世，或吃或喝，无论作什么，都为荣耀神而行？
答：阿们。

第五：你们是否愿意殷勤读经，祷告，传道，并诚然奉献礼物，全守主日，积极参与教会的一切事奉？
答：阿们。

8. 祷告

9. 洗礼

（　　）：我奉圣父、圣子、圣灵的名，为你施洗。阿们。

10. 宣布

至此，弟兄姊妹们诚恳回答以上提问，并奉三位一体神的名受洗，现在我宣布他们成为耶稣教联合圣洁会（　　）教会受洗信徒。

11. 祷告

12. 劝勉

附录

在耶稣基督的名下建立的教会,其功用是什么?

新旧约圣经一览

在耶稣基督的名下建立的教会，其功用是什么？

彼得告白："你是基督，是永生神的儿子。"耶稣对西门彼得说："你是彼得，我要把我的教会建造在这磐石上，阴间的权柄不能胜过他（"权柄"原文作"门"）。我要把天国的钥匙给你……。"（马太福音16章16-19节）从此耶稣告知门徒祂将承受十字架的苦难，并且受死，埋葬，第三日复活。时候满足，耶稣完成了神托付于祂的救赎人类的旨意。后来藉着领受圣灵的众门徒，福音传遍耶路撒冷和犹太全地，直到地极，至今世界各地教会林立。

启示录所记录的七个教会，代表如今天下所有教会。有关七个教会的信息，并非仅为教会历史的一些片段，而是贯穿整个历史时代，敦促普世所有教会觉醒复苏的主迫切的呼声。下面根据圣经内容，探讨理想教会的形像。

第一，将信徒引入救恩

我们上教会的最重要的目的是蒙恩得救。"罪的工价乃是死"（罗马书6章23节），故必须解除罪的问题，我们才能蒙赐全备的救恩。因此，教会应当宣讲有关罪的道，包括罪的危害、罪如何使人与救恩隔绝，乃至如何把罪除净，得成圣洁等。当人接待耶稣基督，领受圣灵，名字载入生命册，便是领受了救恩，从此应当殷勤作成得救的工夫，直至这地上的生命结束，与主相遇。

有的人质疑：我们既然因信耶稣基督，过去、现在和将来的罪都得了赦免，何必再听悔罪的道，反复认罪悔改？然而，我们领受圣灵后，必须持之以恒地吃人子的肉，喝人子的血，才能维持属灵的生命（约翰福音6章53节）。驶入高速路不等于到达了目的地，照样，要想获得所赐全备的救恩，务要努力遵行神的道，藉着真道更新自己的心意。

第二，使圣徒信心增长，成为神圣洁的子民

我们既蒙恩主十架救赎的大爱，不能把自由当作放纵情欲的机会。爱神并活出神的道，才是报恩的途径，是蒙恩得救的儿女当尽的本分。我们既已委身于教会，应当力除心里的罪性，因为罪性不除必然导致犯罪，犯罪必然导致家庭、工作，乃至健康上的问题。

罪性是罪行的起因，务要除去根本的罪性，使自己彻底远离犯罪。脱去肉体的情欲、眼目的情欲和今生的骄傲，成为圣洁，恢复神的形像，模成主的心，就可以成为神真正意义上的儿女。重生得救的圣徒应当力求在信仰上得以长大成人，满有基督长成的身量（以弗所书4章13-15节）。

第三，宣告主的再来

"臆定末日论"是指人擅自宣告主再来的日子和时辰，迷惑信徒走上极端，拒绝履行社会义务和家庭责任。而基于圣经的正确末时观，认为人不能确定主再来的日子和时辰，应当时刻警醒，作成得救的工夫，作好迎接主的准备，不论主何时接去自己的灵魂，都能坦然相迎归主怀抱。

教会应当教导圣徒正确的末时观，使圣徒持定纯正的信仰，警醒自守，预备整齐。信徒是否在引导众人爱慕主的再来，殷勤作成新妇装扮的教会经历信仰，关系到其属灵生命的生死存亡，正如马太福音25章所设的比喻：拿着灯出去迎接新郎的是十个童女，而预备灯油的只有五个。教会应当宣讲主再来的信息，使圣徒们像那聪明的五个童女，预备齐全，殷切盼望再临的主。

第四，引导圣徒得见和体验神

若在一个教会信仰十年、二十年，却未曾得遇或体验过神，那就应当省思自己所委身的教会是否有神的同在。寻求神恩的体验，并非心中无信，反倒是出于信心。神叫我们祈求、寻找、叩门，并说"恳切寻求我的，必寻得见"。

小学生难解大学数学题，照样靠属肉的知识很难理解属灵世界之奥秘。要想理解属灵的事，需要由浅入深的学习和领悟。神的作为，我们只要从心里领悟并相信，在悟性上自然也就明白了。

第五，全然信靠神亲立的牧者

教会是主的身体，是神所亲立的，因此教会的带领人也由神亲立。主不亲临地上治理众教会，而在各教会立一个牧者替祂治理教会。使徒保罗在哥林多后书12章12节里说："我在你们中间，用百般的忍耐，藉着神迹、奇事、异能，显出使徒的凭据来。"

神亲立的牧者必有明显的凭据，就是百般的忍耐和所行的神迹、奇事、异能。信徒若是不信这样的牧者，应省察自己是否信守神道，感悟神爱。我们信神所亲立的牧者，就是信神。

新旧约圣经一览

圣经的记录年代为公元前15世纪至公元1世纪,历时1600年,经40人由圣灵的感动所记录完成。包括出埃及的领袖摩西所记录的摩西五经,圣经新旧约共66卷书,其中旧约39卷,新约27卷。下面以图文形式说明圣经新旧约基本构架,以助学习并受洗的信徒有效通读圣经。

旧约圣经主要用希伯来文写成,其中有一小部分用亚兰语。新约圣经则用希腊文写成。直至1456年印刷术发明问世,原稿的圣经,藉由手抄本的方式复制而流传了下来。宗教改革以后,新旧约圣经开始译成各种文字,普及推广。

新约圣经以福音书4卷和历史书1卷,书信21卷和预言书1卷构成,旧约圣经以历史书17卷,诗歌书5卷和预言书17卷构成。

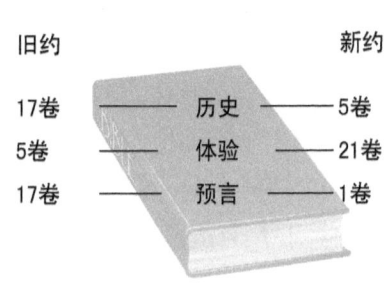

圣经一共有66卷,1189章。一天读一章,需用三年才能读完,读三章则需一年多,若想一年读完一本圣经,需平日读三章,周日读5章。

按时代归类旧约圣经

读旧约圣经之前，把握历史脉络，有助于理解整本圣经的内容。先以历史书11卷作为基本构架，了解整体内容。进而把握各时代的特征，按历史书所涉及的年份分类对应的诗歌书和预言书，对理解上大有助益。

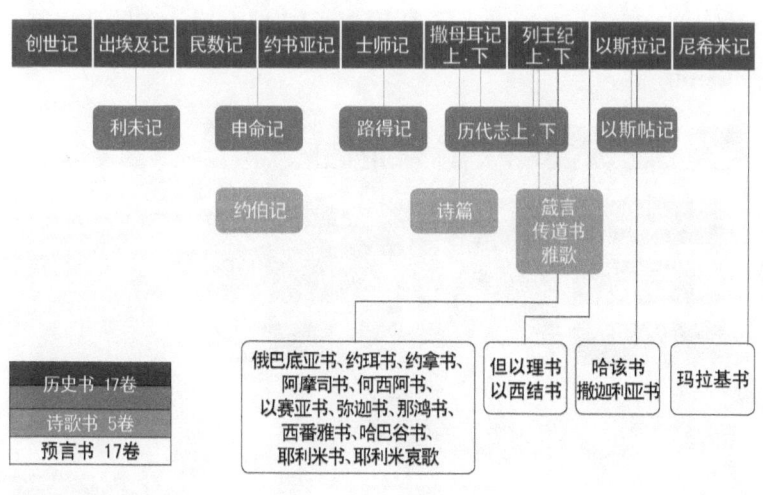

〈 历史书按时代分类 〉

创造时代	创世记1-11章
族长时代	创世记12-50章
摩西时代	出埃及记、利未记、民数记、申命记
士师时代	约书亚记、士师记、路得记、撒母耳记上1-15章
王政时代	撒母耳记上16-31章、撒母耳记下、列王纪上、列王纪下、历代志上、历代志下
被掳时代	以斯拉记、尼希米记、以斯帖记

按时代归类新约圣经

新约圣经27卷非按年代排序。因此，先按时代归类27卷，然后掌握各卷内容，便能有效地读解新约圣经。

主要讲述耶稣在世圣工的四福音书，代表着耶稣基督时代，记录教会起源和发展历程之使徒圣工的使徒行传和书信，代表着圣灵时代并教会时代。

启示录详细记录着教会时代以后必成的事，包括主再临空中、七年婚筵，七年大灾难和再临地上，以及千年王国和白色大宝座审判。

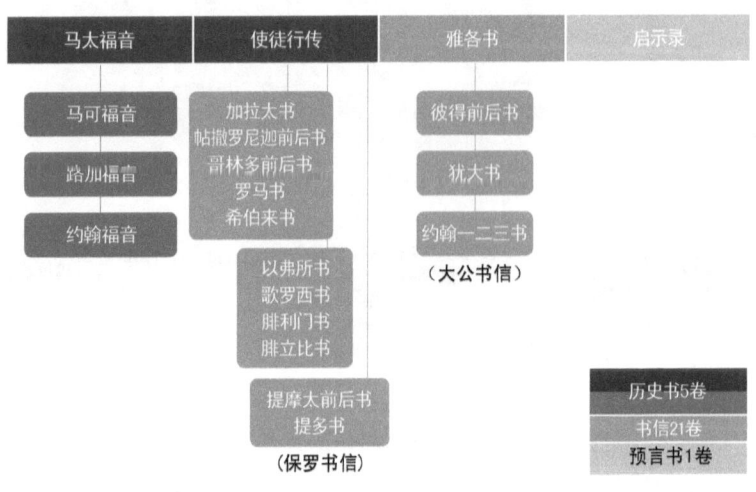

耶稣基督时代	马太福音、马可福音、路加福音、约翰福音
圣灵时代，教会时代	使徒行传、保罗书信、大公书信、启示录1-3章
七年婚筵及七年大灾难时代	启示录4-19章
千年王国时代	启示录20章
天国时代	启示录21-22章

"但圣灵降临在你们身上,你们就必得着能力;并要在耶路撒冷、犹太全地和撒玛利亚,直到地极,作我的见证。"

(使徒行传1章8节)

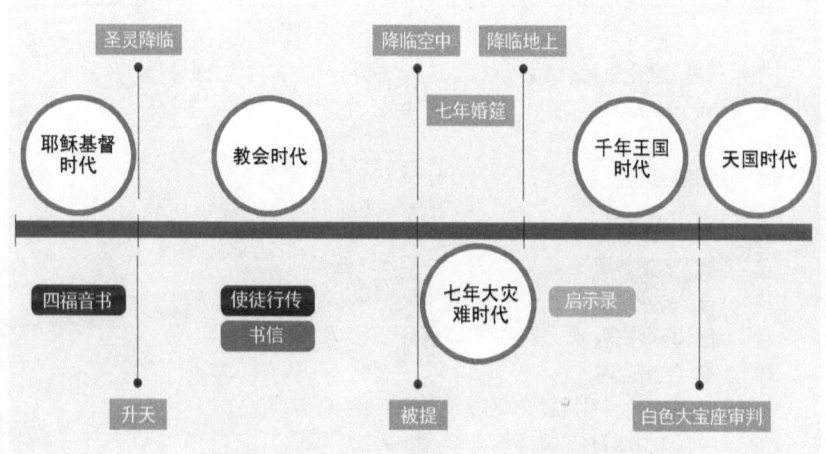

"看哪,我必快来。赏罚在我,要照各人所行的报应他。"

(启示录22章12节)

学习、洗礼问答册
Catechism and Baptism

在未获得乌陵出版社书面许可的情况下，不得对本书的内容进行制本、复印、电子传送等。

本书所引圣经经文取自《现代标点和合本》

作　者:	李载禄
编　辑:	宾锦善
设　计:	乌陵出版社设计组
发　行:	乌陵出版社（发行人．宾圣男）
印　刷:	艺源印刷厂
出版日期:	2011年 3月初版（韩国，乌陵出版社，韩国语）
	2014年 7月二版（韩国，乌陵出版社，韩国语）
	2017年 5月初版（韩国，乌陵出版社）

Copyright © 2017 李载禄博士
ISBN 979-11-263-0293-2 03230
Translation Copyright © 2011 郑求英博士

问讯处: 乌陵出版社
电　话: 82-2-837-7632 / 82-70-8240-2075
传　真: 82-2-869-1537

"乌陵"是旧约时代大祭司为了求问神的旨意放在决断胸牌里使用的器物之一，希伯来语意为"光"（出28:30）。

www.ingramcontent.com/pod-product-compliance
Lightning Source LLC
La Vergne TN
LVHW092057060526
838201LV00047B/1435